"Mind Mastery: La Formula Se Concentrarsi nello Studio e Su Esami"

—

Phoenix Symphony

Sommario:

"MIND MASTERY: LA FORMULA SEGRETA PER CONCENTRARSI NELLO STUDIO E SUPERARE GLI ESAMI" 1

___...1

PROLOGO: 3

CAPITOLO I 6

CREARE UN AMBIENTE DI STUDIO OTTIMALE PER IL MASSIMO RENDIMENTO.............................6

CAPITOLO II 9

IMPOSTARE OBIETTIVI DI STUDIO CHIARI E REALISTICI 9

CAPITOLO III 12

ORGANIZZARE IL TEMPO IN MODO EFFICACE PER MASSIMIZZARE LA PRODUTTIVITÀ 12

CAPITOLO IV 16

PRENDERE PAUSE STRATEGICHE PER RIPOSARE LA MENTE...16

CAPITOLO V 19

ELIMINARE LE DISTRAZIONI DIGITALI PER UNO STUDIO CONCENTRATO 19

CAPITOLO VI 22

APPLICARE STRATEGIE DI APPRENDIMENTO ATTIVO PER MIGLIORARE LA COMPRENSIONE............22

CAPITOLO VII 25

SFRUTTARE LA VISUALIZZAZIONE E LA CONCENTRAZIONE MENTALE PER IL SUCCESSO NELLO STUDIO 25

CAPITOLO VIII 29

MANTENERE UNO STILE DI VITA SANO PER MASSIMIZZARE L'EFFICACIA DELLO STUDIO 29

CAPITOLO IX **32**

GESTIRE LO STRESS PER UNA MENTE CALMA E CONCENTRATA 32

CAPITOLO X **35**

UTILIZZARE STRATEGIE TECNOLOGICHE PER MIGLIORARE LA CONCENTRAZIONE NELLO STUDIO 35

CONCLUSIONI: **39**

PROLOGO:

Ci troviamo di fronte a una sfida che molti di noi affrontano: lo studio e il superamento degli esami. Un periodo di intenso impegno, di notti insonni e di lunghe ore trascorse sui libri. Ma cosa ci serve davvero per avere successo in questo percorso?

Questo libro è stato scritto con l'intento di fornire una guida pratica e completa per sviluppare la concentrazione nello studio e superare gli esami con successo. Attraverso anni di esperienza, ricerche approfondite e le testimonianze di studenti di successo, abbiamo raccolto le migliori strategie e tecniche per aiutarti a massimizzare il tuo potenziale di apprendimento.

Il prossimo capitolo della tua vita accademica si svolgerà tra queste pagine, dove esploreremo insieme i segreti per raggiungere una concentrazione profonda, che ti consentirà di immergerti nello studio e di padroneggiare i contenuti in modo efficace. Imparerai come impostare obiettivi chiari, organizzare il tuo tempo in modo efficiente e gestire lo stress in modo da poter affrontare gli esami con sicurezza e tranquillità.

Scoprirai le tecniche di apprendimento attivo, come prendere appunti, fare riassunti e utilizzare la visualizzazione per migliorare la tua comprensione e la tua memoria. Ti guideremo nel creare uno stile di vita sano che favorisca la concentrazione, con consigli su dieta, esercizio fisico e sonno di qualità.

Esploreremo anche le sfide comuni che possono ostacolare la concentrazione e come superarle, come le distrazioni digitali e gli ostacoli emotivi. Ti daremo strumenti pratici per eliminare le distrazioni, migliorare la tua disciplina mentale e affrontare gli esami con fiducia.

Ogni capitolo di questo libro è stato pensato per offrirti informazioni approfondite, esercizi pratici e consigli applicabili che potrai implementare nel tuo percorso di studio. Siamo qui per supportarti e per aiutarti a ottenere i risultati che meriti.

Preparati a scoprire le tue potenzialità nascoste e a intraprendere un viaggio verso il successo accademico. Con la giusta mentalità, le giuste strategie e un impegno costante, puoi superare ogni ostacolo e raggiungere grandi traguardi.

Benvenuto in questo viaggio di scoperta, crescita e successo. Siamo qui per guidarti lungo il cammino verso la concentrazione nello studio e il superamento degli esami. Preparati a trasformare il tuo modo di studiare e a ottenere i risultati che meriti!

Buon viaggio!

CAPITOLO I

Creare un ambiente di studio ottimale per il massimo rendimento

Per cominciare è importante comprendere l'importanza della creazione di un ambiente di studio appropriato. Ecco alcuni suggerimenti per creare un ambiente che favorisca la concentrazione nello studio:

1. **Trova un luogo tranquillo**: Cerca un luogo nella tua casa o in un ambiente esterno (come una biblioteca) dove puoi studiare senza essere disturbato. Assicurati che sia un ambiente tranquillo, lontano da rumori forti o frequenti interruzioni.

2. **Rimuovi le distrazioni**: Elimina tutte le distrazioni possibili dal tuo ambiente di studio. Spegni la televisione, metti in silenzio il telefono cellulare o lascialo in un'altra stanza e chiudi le finestre del browser che non sono necessarie per lo studio. Riduci al minimo il rumore di fondo, ad esempio utilizzando

tappi per le orecchie o ascoltando musica strumentale rilassante, se ciò ti aiuta a concentrarti.

3. **Crea un ambiente ordinato**: Un ambiente disordinato può influire negativamente sulla tua capacità di concentrazione. Assicurati che il tuo spazio di studio sia ordinato e organizzato. Utilizza scaffali, scatole o raccoglitori per tenere in ordine i tuoi materiali di studio, in modo da poterli trovare facilmente quando ne hai bisogno.

4. **L'illuminazione è importante**: Assicurati di avere una buona illuminazione nel tuo ambiente di studio. La luce naturale è la migliore opzione, quindi posiziona la tua scrivania vicino a una finestra, se possibile. Se non hai accesso a una buona illuminazione naturale, utilizza una lampada da scrivania con una luce bianca e luminosa per evitare l'affaticamento degli occhi.

5. **Comfort e postura**: Assicurati che la tua area di studio sia confortevole. Utilizza una sedia e un tavolo adeguati che ti consentano di mantenere una buona postura. Una postura corretta può aiutare a prevenire l'affaticamento e il disagio fisico durante le lunghe sessioni di studio.

6. **Personalizza il tuo spazio di studio**: Aggiungi alcuni elementi personali che ti ispirano e ti motivano. Puoi appendere un poster con citazioni motivazionali,

posizionare delle piante o oggetti che ti piacciono sulla tua scrivania. Questi piccoli dettagli possono rendere il tuo ambiente di studio più piacevole e invitante.

Ricorda che ogni persona ha preferenze diverse per quanto riguarda l'ambiente di studio. Sperimenta diverse configurazioni e opzioni fino a trovare quella che funziona meglio per te e che ti permette di concentrarti al meglio durante lo studio.

CAPITOLO II

Impostare obiettivi di studio chiari e realistici

Ecco alcuni suggerimenti per creare e seguire un programma di studio efficace:

1. **Stabilisci obiettivi specifici**: Prima di iniziare lo studio, stabilisci obiettivi chiari e specifici per ogni sessione di studio. Ad esempio, potresti decidere di completare un capitolo di un libro di testo, imparare una determinata quantità di informazioni o risolvere un numero specifico di problemi. Questi obiettivi ti aiuteranno a mantenere la concentrazione e a monitorare il tuo progresso.

2. **Suddividi il materiale di studio**: Il materiale di studio può sembrare schiacciante se affrontato tutto in una volta. Dividilo in sezioni più piccole e gestibili. Ad esempio, se hai un libro di testo, puoi stabilire di studiare un certo numero di pagine o un capitolo per ogni sessione di studio.

3. **Pianifica in anticipo**: Prendi l'abitudine di pianificare in anticipo il tuo programma di studio. Potresti creare un calendario settimanale o giornaliero in cui elenchi gli orari e le attività specifiche di studio. Includi anche lezioni, seminari o altri impegni che potrebbero influenzare il tuo tempo di studio.

4. **Sii realistico**: Assicurati di essere realistico nel pianificare il tuo programma di studio. Considera il tempo necessario per apprendere e assimilare i concetti, così come il tempo per esercitarti e fare revisione. Evita di sovraccaricarti con un programma troppo denso, altrimenti potresti sentirti sopraffatto e avere difficoltà a mantenere la concentrazione.

5. **Fissa delle scadenze**: Oltre a stabilire obiettivi specifici, fissa delle scadenze per completare determinate attività. Le scadenze ti aiuteranno a mantenere il ritmo e a evitare la procrastinazione. Assicurati di rispettare le scadenze che hai stabilito, ma sii flessibile nel caso in cui sia necessario apportare delle modifiche.

6. **Sperimenta diverse strategie**: Ogni persona ha il proprio stile di apprendimento e preferenze. Sperimenta diverse strategie di studio, come la lettura, il riassunto, la spiegazione a voce alta o

l'utilizzo di diagrammi o schemi. Trova le tecniche che funzionano meglio per te e che ti aiutano a mantenere alta la concentrazione durante lo studio.

7. **Pianifica le pause**: È importante pianificare delle pause durante le sessioni di studio per evitare l'affaticamento mentale. Utilizza tecniche come la tecnica del Pomodoro, in cui lavori per un periodo di tempo concentrato (ad esempio, 25 minuti) seguito da una breve pausa (ad esempio, 5 minuti). Le pause ti aiuteranno a ricaricare la mente e a mantenere alta la concentrazione.

Ricorda che la pianificazione del programma di studio può richiedere un po' di adattamento iniziale, quindi **sii paziente e flessibile**. Monitora il tuo progresso e apporta eventuali modifiche necessarie per migliorare l'efficacia del tuo programma di studio.

CAPITOLO III

Organizzare il tempo in modo efficace per massimizzare la produttività

Ecco alcuni suggerimenti per gestire il tempo in modo efficace durante lo studio:

1. **Utilizza la tecnica del Pomodoro**: La tecnica del Pomodoro è un metodo popolare per gestire il tempo durante lo studio. Implica di lavorare intensamente su un compito specifico per un periodo di tempo prestabilito (solitamente 25 minuti), chiamato "pomodoro", seguito da una breve pausa di 5 minuti. Dopo ogni quattro "pomodori", fai una pausa più lunga, di solito di 15-30 minuti. Questo ciclo aiuta a mantenere alta la concentrazione e a prevenire l'affaticamento mentale.

2. **Utilizza un timer**: Utilizza un timer o un'applicazione sul tuo telefono per impostare dei limiti di tempo per le tue sessioni di studio. Ad esempio, puoi impostare

un timer per 30 minuti e concentrarti interamente sullo studio durante quel periodo di tempo. Sapere che hai solo un determinato periodo di tempo per completare un compito può aiutare a focalizzarti meglio e a sfruttare al massimo il tempo a tua disposizione.

3. **Stabilisci priorità**: Prima di iniziare lo studio, identifica le attività più importanti o urgenti che devi completare. Stabilisci le tue priorità in base all'importanza e all'urgenza e concentra la tua energia su quelle attività. In questo modo, eviterai di disperdere il tuo tempo su compiti meno significativi e avrai la possibilità di concentrarti sulle attività che richiedono la tua massima attenzione.

4. **Evita la procrastinazione**: La procrastinazione può essere un nemico della concentrazione nello studio. Cerca di combattere la tendenza a rimandare le attività di studio importanti. Puoi utilizzare la tecnica dei "5 secondi" in cui ti impegni a iniziare una determinata attività entro 5 secondi dalla sua identificazione. Inizia con un piccolo passo e spesso troverai che è più facile mantenere la concentrazione una volta iniziato.

5. **Organizza le attività di studio**: Suddividi le tue attività di studio in compiti più piccoli e specifici.

Creare una lista di compiti da completare ti aiuterà a mantenere il focus e a controllare il progresso. Puoi utilizzare strumenti di gestione delle attività o app per mantenere traccia dei compiti da svolgere e delle scadenze.

6. **Evita la multitasking**: Anche se potresti pensare che fare più cose contemporaneamente aumenti la produttività, in realtà può ridurre la concentrazione e l'efficacia dello studio. Concentrati su una singola attività alla volta e completala prima di passare alla successiva. In questo modo, sarai in grado di dare il massimo impegno e attenzione a ciascuna attività.

7. **Sfrutta i momenti di maggior produttività**: Osserva i tuoi modelli di energia e scopri quando sei più produttivo durante il giorno. Alcune persone preferiscono studiare al mattino presto, mentre altre sono più concentrate nelle ore pomeridiane o serali. Utilizza i tuoi momenti di maggior vigore mentale per affrontare le attività di studio più impegnative e complesse.

Ricorda che ogni persona ha un ritmo e uno stile di gestione del tempo diverso, quindi sperimenta diverse tecniche e scopri quelle che funzionano meglio per te. Adattare il tuo programma di studio e la gestione del

tempo alle tue preferenze e al tuo stile di apprendimento
può aiutarti a migliorare la concentrazione e l'efficacia
nello studio.

CAPITOLO IV

Prendere pause strategiche per riposare la mente

Ecco alcuni suggerimenti per pianificare e sfruttare al meglio le pause durante lo studio:

1. **Programma pause regolari**: Pianifica delle pause regolari durante le tue sessioni di studio. La durata delle pause dipenderà dalle tue preferenze personali, ma di solito pause brevi e frequenti funzionano meglio per mantenere alta la concentrazione. Puoi programmare una pausa di 5-10 minuti ogni 25-30 minuti di studio concentrato.

2. **Sfrutta le pause per allontanarti dall'area di studio**: Durante le pause, cerca di allontanarti fisicamente dalla tua scrivania o dall'area di studio. Alzati, cammina un po', fai qualche stiramento o prendi una boccata d'aria fresca. Questo ti aiuterà a rinfrescare la mente e a stimolare la circolazione sanguigna.

3. **Fai un'attività piacevole durante le pause**: Utilizza le pause per fare qualcosa di piacevole e distensivo. Ad esempio, puoi ascoltare musica che ti piace, fare qualche esercizio di respirazione profonda, leggere un breve articolo o fare una breve chiacchierata con un amico. Queste attività ti permetteranno di rilassarti e di staccare mentalmente dallo studio per un breve periodo di tempo.

4. **Evita le distrazioni durante le pause**: Durante le pause, è importante evitare di cadere in distrazioni che potrebbero prolungarsi oltre il tempo previsto. Ad esempio, evita di controllare i social media, di aprire nuove schede del browser o di farti coinvolgere in una conversazione lunga e impegnativa. L'obiettivo delle pause è di riposare la mente, quindi cerca di mantenere il controllo su come utilizzi il tempo durante le pause.

5. **Riposati adeguatamente durante le pause più lunghe**: Se hai pianificato una pausa più lunga dopo diverse sessioni di studio, assicurati di sfruttarla per riposarti adeguatamente. Puoi concederti una breve siesta, fare una breve meditazione, fare una passeggiata all'aperto o semplicemente rilassarti in modo confortevole. L'importante è consentire al tuo corpo e alla tua mente di recuperare energie per

mantenere la concentrazione e l'efficacia nello studio successivo.

6. **Ritorna allo studio in modo graduale**: Alla fine di ogni pausa, ritorna allo studio in modo graduale e concentrato. Riprendi l'attività di studio con un approccio rinnovato e focalizzati sul compito successivo. Puoi dedicare un paio di minuti a rivedere ciò che hai studiato prima della pausa per ricordare i concetti e riprendere il filo del discorso.

Ricorda che le pause sono un elemento essenziale per mantenere l'efficacia nello studio e prevenire l'affaticamento mentale. Sfruttare al meglio le pause ti aiuterà a rigenerare la tua mente e a mantenere alta la concentrazione nel lungo termine.

CAPITOLO V

Eliminare le distrazioni digitali per uno studio concentrato

Ecco alcuni suggerimenti per gestire le distrazioni digitali durante il tuo tempo di studio:

1. **Metti in modalità silenziosa o spegni il telefono cellulare**: Il telefono cellulare è spesso una delle principali fonti di distrazione durante lo studio. Metti il tuo telefono in modalità silenziosa o addirittura spegnilo durante le sessioni di studio. In questo modo, sarai meno tentato di controllare le notifiche o rispondere a chiamate o messaggi che potrebbero interrompere la tua concentrazione.

2. **Utilizza app o strumenti per bloccare le distrazioni online**: Esistono diverse app o estensioni per il browser che possono aiutarti a bloccare temporaneamente l'accesso ai siti web o alle app che tendono a distrarti. Puoi impostare dei timer o delle restrizioni per impedire l'accesso ai social media, ai

siti di streaming video o ad altre piattaforme online durante le tue sessioni di studio.

3. **Limita l'accesso a Internet**: Se il tuo studio non richiede un accesso costante a Internet, considera la possibilità di disconnetterti dalla rete durante le sessioni di studio. Questo ridurrà le tentazioni di navigare su siti non correlati allo studio e ti aiuterà a mantenere la concentrazione sulle attività di apprendimento.

4. **Organizza le tue risorse digitali**: Assicurati di avere tutto il materiale di studio e le risorse digitali necessarie a portata di mano prima di iniziare lo studio. In questo modo, ridurrai la necessità di aprire e cercare informazioni online, evitando distrazioni inutili.

5. **Crea un ambiente digitale pulito**: Quando utilizzi il computer per lo studio, riduci al minimo il numero di finestre o schede del browser aperte. Chiudi tutti i programmi e le applicazioni non necessari per lo studio in modo da ridurre le distrazioni visive e limitare il multitasking.

6. **Utilizza app per la produttività**: Esistono app e strumenti specificamente progettati per aumentare la produttività e ridurre le distrazioni. Puoi utilizzare app di blocco delle distrazioni, app per prendere

appunti o programmi di gestione delle attività che ti aiutino a organizzare il tuo tempo di studio in modo più efficiente.

7. **Sfrutta il potere della disciplina**: Alla fine, la gestione delle distrazioni digitali richiede disciplina e autocontrollo. Sii consapevole dell'importanza di mantenere la concentrazione nello studio e adotta strategie per resistere alle tentazioni digitali. Motivati ricordando gli obiettivi che vuoi raggiungere con il tuo studio e impegnati a rimanere concentrato nonostante le possibili distrazioni.

Ricorda che la gestione delle distrazioni digitali è un elemento chiave per favorire la concentrazione nello studio. Sperimenta diverse strategie e strumenti per trovare quelli che funzionano meglio per te e ti aiutano a mantenere l'attenzione sulle attività di apprendimento.

CAPITOLO VI

Applicare strategie di apprendimento attivo per migliorare la comprensione

Ecco alcuni suggerimenti per applicare il concetto di apprendimento attivo durante le tue sessioni di studio:

1. **Prendi appunti**: Prendere appunti durante le lezioni o mentre studi è una strategia di apprendimento attivo che coinvolge l'ascolto, l'elaborazione e la sintesi delle informazioni. Scrivere gli appunti ti aiuta a mantenere l'attenzione sul materiale, a identificare i concetti chiave e a organizzare le informazioni in modo più significativo. Assicurati di rileggere e rivedere i tuoi appunti in seguito per consolidare la comprensione.

2. **Riscrivi le informazioni**: Riscrivere le informazioni con le tue parole è un modo efficace per elaborare e assimilare i concetti. Riscrivi gli appunti o il materiale di studio in modo sintetico e conciso, cercando di spiegare i concetti come se dovessi insegnarli a

qualcun altro. Questo ti aiuterà a sviluppare una comprensione più profonda e a migliorare la tua capacità di concentrazione.

3. **Spiega il materiale a te stesso**: Fai uso del metodo dell'auto spiegazione. Dopo aver studiato un concetto o un argomento, cerca di spiegarlo a voce alta come se stessi insegnando a qualcun altro. Questo esercizio richiede un'elaborazione attiva delle informazioni e ti aiuta a identificare le lacune nella tua comprensione. Inoltre, focalizzarti sulla spiegazione aiuta a mantenere alta la concentrazione sul materiale di studio.

4. **Crea riassunti e mappe concettuali**: Sintetizza le informazioni chiave creando riassunti o mappe concettuali. Questi strumenti visivi ti aiuteranno a organizzare e collegare i concetti in modo più chiaro e significativo. Creare riassunti e mappe concettuali richiede un'elaborazione attiva delle informazioni, che favorisce la concentrazione e la comprensione.

5. **Applica i concetti attraverso esercizi pratici**: Oltre a leggere e rivedere i materiali di studio, esercitati attivamente applicando i concetti in esercizi pratici. Risolvi problemi, rispondi a domande, fai quiz o esegui esempi pratici. L'applicazione pratica dei concetti ti aiuta a sviluppare una comprensione più profonda e a

mantenere alta la concentrazione durante l'apprendimento.

6. **Coinvolgi tutti i tuoi sensi:** Coinvolgere più sensi durante lo studio può aiutare a mantenere l'attenzione e a stimolare il cervello. Ad esempio, puoi utilizzare colori, grafici o immagini per visualizzare le informazioni, ascoltare registrazioni audio delle lezioni o utilizzare gesti o movimenti fisici per associare concetti specifici. Sfrutta tutti i tuoi sensi per rendere l'apprendimento più coinvolgente e attivo.

7. **Collabora con altri studenti:** Studiare con un gruppo di studio o discutere gli argomenti con altri studenti può essere un'ottima strategia di apprendimento attivo. Discutere le informazioni, confrontare punti di vista e spiegare i concetti agli altri ti aiuterà a consolidare la comprensione e a mantenere alta la concentrazione nello studio.

Ricorda che l'apprendimento attivo richiede un impegno attivo e consapevole da parte tua. Scegli le strategie che funzionano meglio per te e che ti consentono di mantenere l'attenzione e la concentrazione nel processo di apprendimento.

CAPITOLO VII

Sfruttare la visualizzazione e la concentrazione mentale per il successo nello studio

Ecco alcuni suggerimenti per applicare la visualizzazione e la concentrazione mentale durante le tue sessioni di studio:

1. **Pratica la visualizzazione prima dello studio**: Prima di iniziare una sessione di studio, prenditi qualche minuto per visualizzare te stesso mentre ti concentri e studi con successo. Immagina di essere immerso nel materiale di studio, di comprendere facilmente i concetti e di ricordare le informazioni importanti durante gli esami. La visualizzazione positiva può aiutarti a preparare la tua mente per una sessione di studio efficace e concentrata.

2. **Crea immagini mentali vivide**: Durante lo studio, cerca di creare immagini mentali vivide degli argomenti o dei concetti che stai apprendendo. Ad esempio, puoi immaginare di vedere le informazioni come una presentazione visiva o di creare una mappa

mentale delle connessioni tra i concetti. Questo tipo di visualizzazione può aiutare a consolidare la comprensione e a mantenere alta la concentrazione.

3. **Focalizza l'attenzione sul presente**: Quando studi, sii consapevole del momento presente e cerca di mantenere la tua attenzione sul materiale di studio. Evita di divagare con pensieri o preoccupazioni distanti dallo studio. Se noti che la tua mente sta divagando, riporta dolcemente l'attenzione al materiale che stai studiando.

4. **Allenati alla concentrazione mentale**: La concentrazione mentale è come un muscolo che può essere allenato. Puoi praticare esercizi di concentrazione mentale per migliorare la tua capacità di focalizzare l'attenzione. Ad esempio, puoi concentrarti sulla respirazione, sul conteggio o sulla ripetizione di una parola o di una frase specifica per un breve periodo di tempo. Questo tipo di esercizi ti aiuteranno a sviluppare la disciplina mentale e a migliorare la concentrazione nello studio.

5. **Utilizza tecniche di rilassamento**: Lo stress e l'ansia possono influire negativamente sulla tua capacità di concentrazione. Pratica tecniche di rilassamento come la respirazione profonda, la meditazione o lo stretching per calmare la mente e il

corpo prima di iniziare lo studio. Un corpo e una mente rilassati sono più propensi a mantenere alta la concentrazione durante il processo di apprendimento.

6. **Elimina le distrazioni interne**: Oltre alle distrazioni esterne, le distrazioni interne come le preoccupazioni o i pensieri non correlati allo studio possono influire sulla tua concentrazione. Prima di iniziare lo studio, prendi un momento per svuotare la mente dalle preoccupazioni e focalizzarti sul compito a portata di mano. Puoi scrivere un elenco di cose che devi fare dopo lo studio per liberare la mente da tali pensieri.

7. *Crea un ambiente favorevole alla concentrazione*: Assicurati di avere un ambiente di studio tranquillo e ordinato che favorisca la concentrazione. Riduci al minimo le distrazioni visive o sonore nel tuo spazio di studio. Puoi anche creare un'atmosfera calma e concentrata utilizzando la musica strumentale rilassante o l'utilizzo di cuffie per isolarti dai rumori esterni.

Ricorda che la visualizzazione e la concentrazione mentale sono abilità che richiedono pratica costante. Con la pratica regolare, sarai in grado di migliorare la tua capacità di concentrazione nello studio e di sfruttare al meglio il tuo potenziale di apprendimento.

CAPITOLO VIII

Mantenere uno stile di vita sano per massimizzare l'efficacia dello studio

Ecco alcuni suggerimenti per adottare uno stile di vita sano durante il periodo di studio:

1. **Alimentazione equilibrata**: Mantieni una dieta equilibrata e nutriente. Assicurati di consumare cibi ricchi di nutrienti come frutta, verdura, cereali integrali, proteine magre e grassi sani. Evita il consumo eccessivo di cibi ad alto contenuto di zucchero, caffeina o cibi spazzatura, poiché possono causare picchi di energia seguiti da cali di concentrazione.

2. **Idratazione adeguata**: Assicurati di bere a sufficienza durante il giorno. La disidratazione può influire negativamente sulla tua capacità di concentrazione e sul funzionamento cognitivo. Bevi acqua regolarmente e tieni una bottiglia d'acqua vicino a te durante le sessioni di studio.

3. **Esercizio fisico regolare**: Fai dell'esercizio fisico parte della tua routine quotidiana. L'attività fisica regolare aiuta a migliorare la circolazione sanguigna, stimola il flusso di ossigeno al cervello e favorisce la produzione di neurotrasmettitori che influenzano l'umore e la concentrazione. Trova un'attività che ti piace, come camminare, correre, fare yoga o nuotare, e cerca di dedicarle almeno 30 minuti al giorno.

4. **Sonno di qualità**: Assicurati di ottenere un adeguato riposo notturno. Il sonno di qualità è fondamentale per il funzionamento cognitivo e la concentrazione. Cerca di mantenere una routine di sonno regolare, assicurandoti di dormire abbastanza ore per sentirsi riposato ed energizzato durante il giorno.

5. **Gestione dello stress**: Lo stress può influire negativamente sulla tua concentrazione e sulla tua capacità di apprendimento. Trova strategie di gestione dello stress che funzionano per te, come la meditazione, il rilassamento muscolare progressivo o lo yoga. Dedica del tempo alla gestione dello stress durante la tua routine di studio per favorire la concentrazione e il benessere generale.

6. **Prenditi delle pause attive**: Durante le pause dallo studio, cerca di fare attività che promuovono il benessere mentale e fisico. Puoi fare una breve

passeggiata all'aperto, fare qualche esercizio di respirazione, fare uno stretching o dedicarti a un hobby che ti piace. Queste attività attive ti aiuteranno a rilassare la mente e a mantenere l'energia durante le sessioni di studio.

7. **Mantieni un equilibrio**: Cerca di mantenere un equilibrio tra lo studio e le altre attività nella tua vita. Fissa limiti di tempo per lo studio e assicurati di dedicare del tempo a interessi, hobby, relazioni sociali e momenti di svago. Un equilibrio sano ti aiuterà a mantenere la motivazione, l'energia e la concentrazione nello studio.

Ricorda che uno stile di vita sano è fondamentale per la tua salute generale e la tua capacità di concentrazione e apprendimento. Prenditi cura del tuo corpo e della tua mente durante il periodo di studio per massimizzare la tua produttività e il tuo benessere complessivo.

CAPITOLO IX

Gestire lo stress per una mente calma e concentrata

Ecco alcuni suggerimenti per gestire lo stress durante il periodo di studio:

1. **Pratica la respirazione profonda**: La respirazione profonda è una tecnica semplice ma efficace per ridurre lo stress e promuovere la calma. Prendi dei respiri lenti e profondi, concentrandoti sul respiro che entra ed esce dal tuo corpo. Questo aiuta a rilassare il sistema nervoso e a ridurre la tensione mentale e fisica.

2. **Fai esercizio fisico regolarmente**: L'esercizio fisico è un ottimo modo per ridurre lo stress e migliorare il tuo benessere mentale. L'attività fisica stimola la produzione di endorfine, i cosiddetti "ormoni della felicità", che possono alleviare lo stress e migliorare il tuo stato d'animo complessivo. Trova un'attività che ti piace e inseriscila nella tua routine di studio.

3. **Pratica la gestione del tempo**: Una cattiva gestione del tempo può portare a uno stress aggiuntivo. Prendi il controllo della tua pianificazione e organizza il tuo tempo in modo efficace. Stabilisci obiettivi realistici, crea una pianificazione di studio equilibrata e lascia spazio per il riposo e il relax. Una buona gestione del tempo ti aiuterà a ridurre lo stress e a concentrarti meglio durante lo studio.

4. **Fai pause e attività di distrazione piacevoli**: Includi regolarmente delle pause durante le tue sessioni di studio per evitare l'accumulo di stress. Durante le pause, dedica del tempo a fare attività piacevoli che ti rilassano, come ascoltare musica, fare una passeggiata, leggere un libro o praticare un hobby. Questo ti aiuterà a rigenerare la mente e a mantenere la concentrazione quando torni allo studio.

5. **Adotta tecniche di rilassamento**: Esistono diverse tecniche di rilassamento che possono aiutarti a ridurre lo stress e promuovere la concentrazione. Puoi provare la meditazione, la mindfulness, il rilassamento muscolare progressivo, lo yoga o l'ascolto di musica rilassante. Sperimenta diverse tecniche per trovare quelle che funzionano meglio per te e praticale regolarmente.

6. **Dormi adeguatamente**: Il sonno di qualità è essenziale per il benessere mentale e la gestione dello stress. Assicurati di dormire abbastanza ore di sonno riposante durante la notte. Una buona routine del sonno può aiutarti a ridurre lo stress, migliorare la concentrazione e favorire una maggiore efficienza nello studio.

7. **Cura te stesso**: Prenditi cura del tuo benessere generale durante il periodo di studio. Assicurati di avere momenti di relax, di fare attività che ti piacciono e di trascorrere del tempo con le persone che ti sono care. Prendersi cura di te stesso ti aiuta a gestire lo stress e a mantenere un equilibrio sano tra lo studio e la vita personale.

Ricorda che lo stress può influenzare negativamente la tua concentrazione e le tue prestazioni nello studio. Integrare queste tecniche di gestione dello stress nella tua routine di studio ti aiuterà a mantenere la calma, la concentrazione e a raggiungere i tuoi obiettivi accademici.

CAPITOLO X

Utilizzare strategie tecnologiche per migliorare la concentrazione nello studio

In un'epoca in cui la tecnologia è parte integrante delle nostre vite, possiamo sfruttarla a nostro vantaggio nel processo di apprendimento. Ecco alcune considerazioni su come utilizzare al meglio le tecnologie per migliorare la concentrazione nello studio:

1. **Applicazioni di gestione dello studio**: Esistono numerose applicazioni disponibili che ti aiutano a organizzare il tuo studio, gestire le attività e tenere traccia dei tuoi progressi. Puoi utilizzare app di pianificazione, app di promemoria e app di gestione dei compiti per creare una pianificazione di studio strutturata, stabilire obiettivi e monitorare il tuo progresso nel raggiungerli. Queste app possono aiutarti a mantenere un'organizzazione efficace e a ridurre lo stress associato alla gestione delle attività di studio.

2. **Strumenti di ricerca online**: Internet offre una vasta quantità di risorse e informazioni a portata di clic. Utilizza motori di ricerca, biblioteche digitali e piattaforme di apprendimento online per accedere a materiale aggiuntivo, ricerche accademiche e risorse didattiche che possono approfondire la comprensione degli argomenti di studio. Tuttavia, ricorda di fare un uso mirato e consapevole di queste risorse, evitando di divagare o perdersi in un mare di informazioni non pertinenti.

3. **Strumenti per prendere appunti digitali**: Sfrutta le potenzialità degli strumenti di prendere appunti digitali come le applicazioni per la scrittura o i software di annotazione PDF. Puoi prendere appunti direttamente sul tuo dispositivo, organizzarli per argomento o creare mappe concettuali per visualizzare le connessioni tra le idee. L'uso di strumenti digitali per prendere appunti ti consente di mantenere tutto il materiale di studio in un unico luogo, rendendo più facile la revisione e la consultazione futura.

4. **Ambienti di studio virtuale**: Alcune piattaforme offrono ambienti di studio virtuali, dove è possibile partecipare a discussioni di gruppo, collaborare con altri studenti e condividere risorse di studio. Questi

ambienti virtuali possono essere utili per interagire con i compagni di classe, chiarire dubbi e lavorare su progetti di gruppo. Tuttavia, assicurati di gestire bene il tempo che dedichi a queste attività, evitando di perdere la concentrazione e di divagare in discussioni non pertinenti.

5. **Tecniche di apprendimento online**: Sfrutta i corsi online, i tutorial video e le lezioni registrate per approfondire gli argomenti di studio. Le piattaforme di apprendimento online offrono spesso una vasta gamma di corsi e risorse, che possono aiutarti a comprendere meglio i concetti e a prepararti per gli esami. Seleziona con attenzione i corsi o le risorse che sono rilevanti per il tuo percorso di studio e sii disciplinato nell'approfondire gli argomenti in modo strutturato.

6. **Strumenti di gestione del tempo**: Esistono applicazioni e strumenti digitali che ti aiutano a gestire il tuo tempo in modo efficace. Puoi utilizzare strumenti di gestione del tempo che ti consentono di impostare timer, definire blocchi di studio, programmare pause e tenere traccia del tempo trascorso su specifiche attività. Questi strumenti possono aiutarti a rimanere concentrato, a evitare di

sprecare tempo e a organizzare il tuo studio in modo più efficiente.

È importante ricordare che, mentre le tecnologie possono essere strumenti potenti per migliorare la concentrazione nello studio, è fondamentale utilizzarle in modo equilibrato e consapevole. Assicurati di impostare dei limiti di utilizzo, evita le distrazioni digitali e usa le tecnologie come supporto per il tuo apprendimento anziché come fonte di distrazione.

CONCLUSIONI:

In conclusione, la capacità di concentrarsi nello studio è una competenza fondamentale per ottenere successo accademico. Attraverso l'esplorazione dei vari aspetti della concentrazione e l'applicazione di tecniche specifiche, abbiamo imparato che è possibile sviluppare e migliorare questa abilità.

Abbiamo compreso l'importanza di impostare obiettivi di studio chiari e realistici, organizzare il tempo in modo efficace e adottare strategie di gestione dello stress. Abbiamo imparato a eliminare le distrazioni digitali, ad applicare tecniche di apprendimento attivo e a sfruttare la visualizzazione e la concentrazione mentale per migliorare la nostra capacità di apprendere e ricordare le informazioni. Abbiamo anche riconosciuto l'importanza di uno stile di vita sano, che comprende una dieta equilibrata, l'esercizio fisico regolare e un sonno di qualità.

Siamo consapevoli che il cammino verso una migliore concentrazione nello studio richiede costanza, impegno e pratica. È necessario adattare le strategie e le tecniche alle proprie esigenze personali, sperimentando e scoprendo quali metodi funzionano meglio per noi.

Ricordiamoci sempre che il successo negli esami non è solo una questione di conoscenza, ma anche di abilità di concentrazione. Lavorando su di essa, possiamo ottenere risultati migliori e raggiungere i nostri obiettivi accademici. Sia che siate studenti universitari, scolastici o professionisti che si preparano per esami di certificazione, la capacità di concentrarsi nello studio sarà uno strumento prezioso per il vostro successo.

Speriamo che questo libro abbia fornito le informazioni, le strategie e l'ispirazione necessarie per migliorare la vostra concentrazione nello studio e superare gli esami con successo. Ricordate sempre che la concentrazione è un'abilità che può essere sviluppata e affinata con il tempo, quindi continuate a impegnarvi e siate pazienti con voi stessi mentre perseguite i vostri obiettivi accademici.

Auguriamo a tutti voi un futuro brillante e ricco di successi nel vostro percorso di apprendimento!

—

Dedicato a tutti i miei allievi

—

"La concentrazione è la chiave per aprire le porte del successo accademico. Con determinazione, organizzazione e uno studio concentrato, puoi superare ogni ostacolo e raggiungere risultati straordinari. Prepara la tua mente, crea un ambiente propizio allo studio e sfrutta al massimo le tue abilità. Ricorda, ogni passo che fai verso la concentrazione ti avvicina un passo più vicino al successo negli esami. Affronta le sfide con fiducia e non smettere mai di crederci: sei pronto a brillare e a raggiungere traguardi incredibili!"

Phoenix Symphony

Printed in Great Britain
by Amazon

24931012R00026